Zwijsen

estafette

Wat nu weer?!

Jørgen Hofmans
tekeningen van
Merel Eyckerman

Auteur
Jørgen Hofmans

Illustraties
Merel Eyckerman

Projectgroep Uitgeverij Zwijsen
Monique Engel, Michael van Haaren (projectleiding en redactie)
Marion van der Meulen (AVI-advies)
Odette van Heumen, Annemieke Kanters, Anita van Son,
Miranda van Zeelst (bureauredactie)
Tony Riboch (vormgeving)
Niek Rooijakkers (productiebegeleiding)
Huub Lucas (uitgever)

2e druk

NAVIGATOR
E6

ISBN 978.90.276.6930.8

www.zwijsen.nl
www.estafette-lezen.nl

Inhoud

1. Mijn Eddy

'Liselot ... *Wat nu weer?!* begint,' riep mama. Liselot was in vijf tellen beneden en ging gezellig naast mama op de bank voor de **buis** zitten. *Wat nu weer?!* was hun favoriete tv-programma, waar ze sinds twee jaar dagelijks tussen zeven en halfacht naar keken. Zodra de **begintune** was gestart, zongen mama en Liselot luidkeels mee:

Al lijkt elke dag nog zo zwart,
er bestaat een kleurrijke regenboog,
een plek voor jou in mijn hart.

Wat nu weer?
Wat nu weer?
Wat wordt het deze keer?

'Als Eddy de ramp maar overleeft,' zei Liselot. Mama knikte. Eddy was zonder twijfel de geweldigste en knapste man uit *Wat nu weer?!* en gisteren gebeurde er in de allerlaatste seconde van de aflevering iets vreselijks met hem. De aflevering van vanavond startte met een herhaling van dat stukje van vorige week.

> Eddy rijdt in zijn supercoole sportauto, terwijl hij aan het telefoneren is met zijn vriendin Tanja. Dan steekt plotseling een kat de snelweg

over. Met een flinke ruk aan het stuur probeert Eddy de kat te ontwijken. De kat schiet weg, maar Eddy knalt met een rotvaart tegen de vangrail aan. De klap is hard. De **ravage** is nauwelijks te overzien.

Toen begon de nieuwe aflevering.

Eddy wordt op een brancard getild en in een ambulance vervoerd naar het plaatselijke ziekenhuis. Even later rijdt het ambulancepersoneel hem in sneltreinvaart **behendig** door de ziekenhuisgangen naar de operatiekamer toe. Ondertussen snelt Tanja in haar auto naar het ziekenhuis. Ze heeft de enorme klap door haar mobieltje gehoord en begrijpt dat Eddy een ongeluk heeft gehad. Als ze in het ziekenhuis aankomt, klampt ze de verpleegster aan.
'Waar is mijn Eddy?' schreeuwt ze hysterisch.
'Rustig maar mevrouw,' sust de verpleegster.
'Uw vriend is nu in de operatiekamer. De operatie kan uren gaan duren. Ik kan u nu geen mededelingen doen over de ernst van zijn toestand. We moeten afwachten en ervan uitgaan dat de artsen alles voor hem doen wat ze kunnen.'
Maar de spanning wordt Tanja te veel. Ze trekt wit weg en valt flauw. De verpleegster kan haar nog net opvangen.

Terwijl de camera inzoomde op de flauwgevallen Tanja, werd de aflevering **abrupt** onderbroken door reclame. Liselot sloeg een arm om de schouder van mama en zei: ‘Mam, hij overleeft het deze keer ook wel weer. Hij is al een keer ontvoerd geweest én een keer door zijn ex-vriendin met een stuk hout op zijn hoofd geslagen.’
‘Ja, dat klopt. Toen heeft het inderdaad weken geduurd voordat hij weer bij kennis was ...’ zei mama zachtjes.
Maar twintig minuten later waren Liselot en mama nog steeds niets wijzer geworden.

In de operatiekamer zijn maar liefst drie artsen druk in de weer om ervoor te zorgen dat dit niet de laatste tellen van Eddy’s leven zijn. Regelmatig kijken de artsen naar een monitor die boven de operatietafel hangt. Hierop is de onregelmatige hartslag van Eddy te zien. Ineens begint het apparaat angstaanjagende piepgeluiden te maken. Maar direct daarna verschijnt de aftiteling alweer in beeld.

Liselot keek verbouwereerd naar het scherm. ‘Hoe kunnen ze nú stoppen? Nu weten we nóg niet of Eddy het redt.’
‘Ssst, ze laten vast nog wel een stukje zien van wat er morgen gebeurt,’ zei mama.
Maar in plaats daarvan verscheen een supervrolijke Tanja in beeld. Een heel andere Tanja dan de zenuwach-

tige Tanja uit de wachtkamer. 'Lieve kijkers, en in het bijzonder alle jongens en meisjes tussen tien en twaalf jaar. Binnenkort starten de televisieopnames van *Wat nu weer?!* voor het nieuwe seizoen. En ... misschien word jij wel één van onze nieuwe **soap**acteurs. Stuur vandaag nog een foto naar *Wat nu weer?!*, postbus 5800 in Hilversum. En schrijf erbij waarom jij graag mee wilt doen. Dan maak je kans om uitgenodigd te worden voor een auditie.'
Liselot was op slag de ellendige toestand van Eddy vergeten. 'Dan kan ik hem eindelijk écht ontmoeten!' juichte ze. 'Mijn Eddy.'
'Jouw Eddy,' snoof papa die de kamer in was komen lopen. 'Je bedoelt die engerd uit die soapserie?'
'Pfff, dat is helemaal geen engerd,' zei Liselot.
'Ach,' zei mama. 'Laat papa maar kletsen, wij gaan een superleuke foto van je zoeken. Die niet waagt die niet wint.'

Even later hingen ze samen boven een enorme stapel foto's van Liselot. 'Ik kom er nooit aan toe om ze allemaal in te plakken,' zuchtte mama. Ineens viel haar oog op één foto. 'Kijk,' riep ze uit, 'toen vierde je je vijfde verjaardag. Wat was je schattig.'
'Mam, het moet een foto van nú zijn, niet van toen,' zei Liselot.
'Ja ja, ik zoek al verder,' zei mama snel.
'Deze ... die wordt het!' riep Liselot blij uit. Trots hield

ze een foto omhoog.
'Helemaal goed,' vond ook mama.
Liselot hoefde niet lang na te denken waarom ze uitgerekend haar voor een **auditie** moesten uitnodigen. *Eddy is al twee jaar mijn held* schreef ze in mooie letters achter op de foto. Dat moest genoeg zijn. Morgen zou ze de foto, nog voordat ze naar school ging, op de post doen.

2. Helemaal blauw

Op school kwam Liselot er snel achter dat zij niet de enige was die gisteren de oproep op televisie had gezien. Een paar vrienden en vriendinnen waren ook vastbesloten om aan deze fantastische **soap**wedstrijd mee te doen. Wie wilde er nu niet beroemd worden én alle beroemde soapsterren uit *Wat nu weer?!* ontmoeten? Ook Sander, haar beste vriend, zou nog deze middag een uitgebreide brief schrijven en een mooie foto uitkiezen. Liselot was blij dat ze háár foto al op de heenweg naar school op de post had gedaan. Misschien lag ze dan boven op de metershoge stapel en werd ze er meteen uitgepikt, fantaseerde ze.

Blijkbaar had ook de juf gisterenavond de oproep op televisie gezien, want ze had een speciale 'soaprekenles' bedacht. Ze vroeg aan de klas: 'Als er twintig kinderen worden uitgenodigd om mee te mogen doen met de **auditie**, en er zijn tweehonderd inzendingen, hoeveel procent valt dan af?'
Liselot sabbelde op haar pen en probeerde haar gedachten erbij te houden. De getallen twintig en tweehonderd duizelden in haar hoofd, maar telkens werd ze afgeleid want de juf had het in de rekensom ook over afvallen gehad. En er was één ding dat absoluut niet mocht gebeuren. Liselot wilde niet afvallen! Gelukkig wist Robbie, die altijd alle uitkomsten als een professor kon op-

lepelen, het antwoord. ‘Negentig procent,’ riep hij. Vervolgens mocht Robbie de berekening op het bord laten zien, maar Liselot was niet in staat om de uitleg te volgen. Steeds moest ze denken aan wat de juf had gezegd. Stel dat ze gelijk had en er waren tweehonderd inzendingen, dan was de kans erg klein dat juist zíj Eddy, Tanja en alle andere **soap**sterren zou mogen ontmoeten. En wat als er niet tweehonderd maar tweeduizend, of nog erger, vijfduizend kinderen op het idee kwamen om een foto in te sturen ...? Dat zou een regelrechte ramp betekenen!
Plotseling kreeg ze een flinke por in haar zij. ‘Liselot, je hele mond is blauw,’ riep Sander verschrikt uit. Liselot schrok op en was in één seconde terug op aarde. Iedereen keek haar aan en barstte vervolgens in een oorverdovend gelach uit. Liselot had zo hard op haar pen gesabbeld dat haar hele mond volledig onder de blauwe inkt zat. ‘Ga je mond maar even schoonwassen,’ zei de juf.

Bij de meisjes-wc keek Liselot boven de wastafel in de spiegel. Ze moest om haar eigen gezicht lachen. Ze zag eruit als een verschrikkelijk angstaanjagend, gevaarlijk buitenaards monster met een donkerblauwe tong, donkerblauwe tanden en twee donkerblauwe lijntjes die vanuit haar mondhoeken helemaal tot aan haar hals naar beneden kringelden. Snel spoelde ze haar mond en depte met een puntje van een handdoek haar

gezicht en hals schoon. Nadat Liselot zichzelf er in de spiegel van verzekerd had dat er nergens meer blauw te bekennen was, keerde ze terug naar het klaslokaal. De juffrouw knipoogde naar Liselot en zei: ‘Misschien was de soaprekenles toch niet zo’n geweldig idee.’

De rest van de schooldag ging flitsend snel voorbij. Later in de middag zat Liselot bij Sander thuis achter de computer. Sander had Liselot gevraagd om samen met hem een leuke foto uit te kiezen. Sander was hartstikke **fotogeniek** dus er waren genoeg leuke foto’s om uit te kiezen. Liselot en Sander waren dan ook binnen een mum van tijd klaar. ‘Maar wat moet ik er nu bij schrijven?’ peinsde Sander.
‘Ik heb gewoon geschreven dat Eddy al twee jaar mijn

held is,' zei Liselot.
Sander keek haar lachend aan. 'Zal ik dan schrijven dat ik Eddy wel zou willen zijn?' schaterde hij.
'Ja, dan denkt Eddy dat hij concurrentie krijgt,' lachte Liselot. 'En Tanja is dan vast supernieuwsgierig wie die mysterieuze Sander is,' proestte Sander uit. Nadat Sander netjes alles op de achterkant van de foto had geschreven, liepen ze naar de brievenbus. Voordat ze de envelop in de gleuf gooiden, spraken ze de wens uit dat ze allebei uitgenodigd zouden worden.

's Avonds zaten Liselot en mama natuurlijk weer stipt om zeven uur voor de **buis**. Het was nog steeds kommer en kwel met Eddy.

> 'Eddy, schatje van me. Word alsjeblieft wakker,' snikt Tanja aan het bed van Eddy. 'Weet je lieverd … je bent nu op de **intensive care** en

misschien ga je straks dood ... en dan ben ik helemaal alleen.' Dan begint ze, eerst zachtjes, maar al snel steeds wilder, aan de arm van Eddy te trekken. Onmiddellijk komt er een verpleegster aangesneld.
'Mevrouw, ook al ligt uw vriend in een coma, hij kan u nu waarschijnlijk tóch horen. Probeert u daarom zo rustig mogelijk te blijven,' sust verpleegster Rosalinde Tanja.
'Maar begrijpt u dan niet dat heel mijn wereld is ingestort?' snikt Tanja hartverscheurend, terwijl ze Rosalinde met betraande ogen aankijkt.
'Het is beter voor zijn genezingsproces als u hem nu weer alleen laat,' zegt Rosalinde. Zachtjes maar dwingend duwt ze Tanja richting de deur. Eenmaal op de gang kijkt Tanja door een raam naar de slapende Eddy. Ze ziet hoe liefdevol Rosalinde naar Eddy kijkt. Een jaloerse blik verschijnt op het gezicht van Tanja.

Het was vreemd om na de aflevering weer een onbezorgde Tanja in beeld te zien, die wist te melden dat er in één dag al meer dan duizend aanmeldingen waren binnengekomen. Nog de hele week mocht je een foto inzenden. Volgende week maandag zou bekend worden gemaakt wie de winnaars waren. Liselot zuchtte en dacht aan de som van vanochtend ... De kans dat zij erbij zou zijn, werd alsmaar kleiner.

3. Bloednerveus

De volgende dagen werd duidelijk dat de **auditie**wedstrijd een grandioos succes was. Nog nooit keken er zo veel mensen elke dag naar *Wat nu weer?!*. Elke dag trok de serie meer dan vijf miljoen kijkers. Het journaal wist te melden dat alléén sommige grote voetbalwedstrijden meer kijkcijfers hadden gehaald. Al die miljoenen kijkers waren er getuige van dat Eddy, door de uitstekende zorg van Rosalinde, snel herstelde.

> 'Meneer, u heeft ontzettend veel geluk gehad,' vertelt de arts aan Eddy. 'Ik heb u onderzocht, binnenstebuiten gekeerd en alle röntgenfoto's bekeken en ik kan u verzekeren dat u aan het ongeluk geen blijvend **letsel** zult overhouden.' Eddy, nog té moe om iets te zeggen, kan alleen maar flauwtjes glimlachen, waarna hij weer in een diepe slaap valt.

Ook Tanja was elke dag na *Wat nu weer?!* te zien. Het aantal aanmeldingen was in de loop van de week gestegen naar het ongekende aantal van achtduizend. Bovendien had de omroep besloten om van de audities een televisieprogramma te maken. Een deskundige jury zou de tien winnaars kiezen die mee mochten doen in de **live**-uitzendingen. Deze winnaars zouden dan strijden om de twee rollen van één meisje en één jongen.

‘Ik zou er maar niet op rekenen dat je wordt gekozen,’ zei mama toen Liselot voor de zoveelste keer over de wedstrijd begon. ‘Er zijn zo ontzettend veel inzendingen.’
Plotseling werd de spanning haar te veel en sprongen haar de tranen in de ogen. ‘Waarom moet die Tanja dan ook dagelijks vertellen dat je mee kunt doen met de auditiewedstrijd? Nogal logisch dat er duizenden en duizenden aanmeldingen binnenstromen.’
Mama begon schaterend te lachen. ‘Kop op,’ zei ze. ‘Het is geen ramp als je niet wordt gekozen. En misschien is die Eddy wel de allergrootste oelewapper die je maar kunt bedenken,’ voegde ze er lachend aan toe.
‘Ja, misschien wel,’ snikte Liselot.
Op dat moment rinkelde de telefoon. Liselot liep ernaartoe en veegde, voordat ze de hoorn opnam, de allerlaatste traan van haar wangen weg. ‘Met Liselot,’ zei ze met een **benepen** stemmetje.
‘Hé, met mij,’ zei Sander. ‘Wat is er met jou aan de hand, ben je ziek of zo?’
‘O, niets,’ zei Liselot. ‘Ik heb net een huilbui gehad ..., eigenlijk om niets.’
‘Om wat dan?’ vroeg Sander belangstellend.
‘Om die hele soaptoestand en al die duizenden aanmeldingen. Mam zei dat ik het eenvoudigweg kon vergeten om voor de auditie uitgenodigd te worden. En nu gaan ze er ook nog een televisieprogramma van maken. Heb je dat ook gehoord?’

'Ja, ik denk ook dat we weinig kans maken. Er zijn genoeg meiden en jongens die al een keer eerder een televisierolletje hebben gespeeld,' zei Sander. 'Maar heb je toevallig zin om langs te komen? We gaan vanavond barbecueën.'
'Even vragen,' zei Liselot. 'Mam, mag ik naar Sander? Ze gaan barbecueën.'
Mama knikte van ja.
'Het mag,' zei Liselot. 'Tot zo.'

Terwijl de vader van Sander ontzettend druk in de weer was met alle voorbereidingen voor de barbecue keken Liselot en Sander samen naar *Wat nu weer?!*.

‘Schatje, je hebt zo ongelofelijk veel mazzel gehad, weet je dat?’ fluistert Tanja, terwijl ze Eddy zachtjes door zijn haren streelt.
‘Wilt u nog een kopje koffie, meneer Eddy?’ vraagt Rosalinde.
Met een ruk draait Tanja haar hoofd om en kijkt Rosalinde kwaad aan. ‘Nee, meneer Eddy hoeft helemaal niets,’ snauwt Tanja haar af. ‘En nu je hier toch bent, laat ik voor eens en voor altijd duidelijk zijn. Ik wil niet hebben dat je hem ook maar met één vinger aanraakt, begrepen?’
‘Mevrouw, dit is mijn werk,’ antwoordt Rosalinde poeslief. ‘En ik zal meneer Eddy toch moeten wassen? Wassen zonder daarbij je handen te gebruiken, dat gaat eenvoudigweg niet.’
Tanja werpt haar een woedende blik toe.

‘Zie je dat? Ze kookt van woede,’ lachte Liselot.
Sander drukte **resoluut** op de uitknop van de afstandsbediening op het moment dat Tanja op het punt stond het allerlaatste nieuws over de wedstrijd te vertellen.
‘Hé, wat doe je?’ riep Liselot uit.
‘Wat maakt het uit? Over een paar dagen horen we vanzelf of we wel of niet naar een auditie mogen komen. Van al dat gepraat van Tanja word je alleen maar bloednerveus, of niet dan?’ zei Sander.

Liselot dacht aan die huilbui van vanmiddag. 'Je hebt gelijk,' lachte ze.
'Komen jullie nog?' riep de vader van Sander vanuit de tuin.

Die avond dacht Liselot niet meer aan *Wat nu weer?!*. De barbecue was zo lekker en gezellig. Bovendien maakte de vader van Sander allemaal grapjes.
'Laatst was ik bij een Chinees restaurant,' begon hij heel serieus te vertellen, 'en in een aquarium zag ik een jong haaitje dat allemaal visjes aan het opeten was. Toen ik dat tegen de Chinees vertelde, liep hij naar het aquarium en sprak het haaitje hierop aan. "Foei, jong haai!" zei hij.'
Sander en Liselot kwamen niet meer bij van het lachen.

4. Duizenden inzendingen

Terwijl mama en Liselot onderuitgezakt op de bank zaten, zagen ze dat in *Wat nu weer?!* **zich een** volgende **ramp voltrok**.

Tijdens de nachtdienst is Rosalinde druk bezig om alle medicijnen in de medicijnkast aan te vullen. Ineens hoort ze vlakbij het geluid van voetstappen.
'Wie is daar?' fluistert Rosalinde nietsvermoedend. Eventjes blijft het muisstil. Rosalinde haalt haar schouders op en gaat verder met het vullen van de medicijnkast. Dan verschijnt plotseling een vage schim, die Rosalinde overvalt en wegsleept.

'Die Tanja is niet goed snik!' riep mama uit.
'Maar dat kan toch iedereen zijn,' zei Liselot terwijl ze verbaasd naar mama keek.
'Tanja heeft er wel degelijk iets mee te maken,' zei mama. 'Kijk maar.'

'Kijk, daar loopt ze. Die heeft afgelopen nacht niet stilgezeten,' zegt één van de patiënten. Tanja doet eerst alsof ze niets van het gesmiespel en gemompel van sommige patiënten hoort en loopt rechtstreeks naar de ziekenzaal van

Eddy. Maar als één patiënt haar nawijst, draait ze zich **abrupt** om en schreeuwt: 'Wat moeten jullie van me? Ooit gehoord dat het superonbeleefd is om iemand na te wijzen?' Boos draait ze zich om en wil verder lopen, maar botst dan bijna tegen een politieagent op.
'Op u wacht ik,' zegt de politieagent uiterst kalm. 'Komt u maar even mee naar dit spreekkamertje.' En hij wijst naar een deur.
Nadat de politieagent de deur achter zich heeft dichtgetrokken steekt hij van wal. 'Waar was u vannacht?'
'In bed,' antwoordt Tanja met een onschuldig gezicht.
'Was u alleen?'
'Ja, want mijn Eddy ligt hier in het ziekenhuis.'
'Weet u absoluut zeker dat u niet toevallig in het ziekenhuis was?' probeert de politieagent opnieuw.
'Man, zeg me eerst wat er aan de hand is. Het lijkt wel of ik van één of andere afgrijselijke misdaad wordt beschuldigd,' snauwt Tanja naar de politieagent.

'Mam, zie je wel. Ze weet van niets,' zei Liselot.

De politieagent begint Tanja haarfijn uit te leggen wat er de afgelopen nacht in het zieken-

huis heeft plaatsgevonden. Maar Tanja **ontkent in alle toonaarden** dat ze ook maar iets met de geheimzinnige verdwijning van Rosalinde te maken heeft.
'U mag gaan,' zegt de politieagent ten slotte.
'Hè, eindelijk een verstandige opmerking,' zegt Tanja brutaal. Met haar neus in de lucht verlaat ze de spreekkamer.
Huilend stort ze zich even later op Eddy. 'Snap jij nou hoe iemand mij kan verdenken? Waarom doen ze mij dit aan? Ik, die altijd vriendelijk ben voor iedereen. De hele wereld lijkt volslagen krankzinnig te zijn geworden.'
'Stil maar,' sust Eddy. 'Ik geloof je toch.'
'Wat zou ik zonder jou moeten beginnen?' snift Tanja met rood doorlopen ogen.

'Geloof jij haar?' vroeg mama aan Liselot.
'Nou, ik begin toch wel te twijfelen mam,' zei Liselot.

'Ik geloof er geen woord van, ze is zo sluw als een gemene vos,' zei mama lachend.
En plop, daar was Tanja weer in beeld. 'Allerliefste kijkers,' zei ze met een mierzoete stem. 'Vandaag sluit de aanmelding voor de wedstrijd. Ik kan jullie vertellen dat wij reacties hebben ontvangen van meer dan tienduizend jongens en meisjes. Dit weekend bekijken wij alle inzendingen en maandag wordt bekendgemaakt welke

vijf jongens en vijf meisjes mee mogen doen met de auditiewedstrijd. Dus ... duimen maar.' Tanja sloot af met een supervette knipoog in de camera.
Liselot voelde een vreemde kriebel in haar buik. Nee, ze mocht niet te veel hopen. Meer dan tienduizend aanmeldingen? Pfff... de kans erbij te zijn, was zo ontzettend klein.
'Zullen we een potje scrabbelen?' vroeg ze aan mama.
'Uitstekend idee. Als jij alles klaarzet, dan maak ik een pot lekkere rooibosthee.'
Een kwartiertje later zaten ze aan de eettafel te spelen. Eerst legde mama het woord *ziek* waarna Liselot er *zieken* van maakte. Met de '*e*' van *zieken* kon mama het woord *ster* maken. Ze kwam precies op twee keer woordwaarde, wat haar lekker veel punten opleverde.
'Het lijkt wel of alles draait om *Wat nu weer?!*, grapte mama toen ze naar de woorden keek die op het spelbord lagen.
Na een uur spelen was de pot rooibosthee helemaal leeg en waren alle letters op. Met maar drie punten verschil had mama van Liselot gewonnen. 'Gefe-e-e-liciteerd,' zei Liselot met een luide geeuw.
'Dank je, maar het wordt geloof ik de allerhoogste tijd dat jij je bed gaat opzoeken, jongedame,' lachte mama.
'Ja, ik ben doodop,' gaf Liselot toe.

Terwijl ze aan het tandenpoetsen was, keek ze tevreden in de spiegel. Ze spoelde haar mond en draaide de

ZIEKENHUIS
MEDICIJN

kraan dicht. Toen ze in haar slaapkamer kwam, zag ze dat ze een sms'je van Sander had ontvangen.
Wat denk jij? Heeft Tanja Rosalinde laten verdwijnen?
Doeg! Sander
Liselot keek op haar wekker. Het was halftien. Een sms'je kon nog net, vond ze.
Ik denk van wel. Die Tanja is heel gemeen. Doeg en slaap lekker! Liselot
Ze legde haar mobieltje naast haar wekker en dacht aan Tanja en Rosalinde. Ze deed het nachtlampje uit en had haar ogen nog maar nauwelijks dicht of haar mobiel zei 'bliep'.
Nóg een sms'je.
Hi hi, ja dat denk ik ook. Slaap ze! Sander.

5. Een lange avond - deel 1

Het weekend duurde eindeloos, maar eindelijk was het toch zover. Het was maandag, de dag van de uitslag. Sander zou blijven logeren, zodat ze samen naar de televisie-uitzending konden kijken. Het beloofde een onvergetelijke **marathonuitzending** te worden, want de gehele televisieavond stond in het teken van *Wat nu weer?!*. Om zeven uur konden de miljoenen kijkers eerst gaan genieten van een extra lange aflevering. En daarna zou er een sensationele, spetterende show van maar liefst drie uur rondom de uitslag worden gehouden.
‘Het is toch van de gekke,’ vond de mama van Liselot. ‘Hoe kunnen jullie morgen nou fris naar school gaan? Ze weten toch dat alle kinderen dit willen zien? Ik vind dit écht onverantwoord.’
Liselot gaf Sander een knipoog. Haar moeder kennende wist ze dat ze hier niet tegenin moest gaan. Haar moeders ergernis zou wel overwaaien en dan zouden ze toch de hele avond op mogen blijven om de uitslag te kunnen horen.

‘Wat ben ik blij dat je uit dit vreselijke **oord** mag vertrekken,’ zegt Tanja terwijl ze met twee klikken een koffer sluit.
‘Klaar om te vertrekken?’ vraagt Tanja.
‘Klaar om te vertrekken,’ zegt Eddy beslist.

'Dat ging snel,' lachte Liselot. 'Zo is ie nog bijna morsdood en nu is hij alweer superfit.'
'Nou superfit, eerder superzielig bedoel je,' verbeterde Sander haar, toen ze zagen hoe Eddy met een van pijn vetrokken gezicht in de fonkelnieuwe sportauto ging zitten. De auto had Tanja tussen de bedrijven door als verrassing voor hem gekocht.

'Pompidom ... Pompom ...'
Kees, één van de schoonmakers in het ziekenhuis, loopt zachtjes neuriënd naar het einde van de gang. Nietsvermoedend staat hij bij de oude kast waar alleen een paar oude bezems, emmers

en dweilen bewaard worden en die daarom nog maar nauwelijks in gebruik is. Plotseling hoort hij iemand zacht kreunen. Verbaasd kijkt Kees om zich heen. Hij is helemaal alleen. Dan hoort Kees nóg een keer het zachte gekreun. Onmiddellijk trekt hij de kastdeur open en ziet tot zijn verbazing Rosalinde, nog een beetje verdoofd maar springlevend, tussen de emmers liggen.
'Help! Hier is ze,' roept Kees luid terwijl hij Rosalinde overeind helpt.
'Ik kreeg een klap op mijn hoofd,' zegt ze vermoeid. 'Maar ik zag nog wel wie het was.'
'Tanja?' vraagt Kees terwijl hij haar naar het dichtstbijzijnde lege bed brengt.
'Tanja? Nee,' zegt Rosalinde. 'Het was die junkie van het station, die al twee keer eerder een inbraakpoging heeft gedaan.'

'Ik ben blij dat ik je eindelijk voor me alleen heb,' fluistert Tanja liefdevol nadat ze Eddy wel tien keer achter elkaar heeft gekust.
Op de achtergrond staat de tv aan en klinkt het journaal.
'Wacht ... luister,' zegt Eddy, terwijl hij naar de tv loopt.
'Vandaag werd de vermiste verpleegster levend teruggevonden. De dader is door het slachtoffer

herkend en voor verder verhoor naar het politiebureau gebracht. Het slachtoffer verblijft nog in het ziekenhuis, maar maakt het naar omstandigheden goed.'

'Ik moet terug naar het ziekenhuis om haar te bedanken,' zegt Eddy, waarna hij zijn autosleutels pakt en Tanja verbaasd in de huiskamer achterlaat.

Bij het ziekenhuis koopt Eddy een enorme bos bloemen. Als hij op de kamer van Rosalinde komt, ligt ze te slapen. Eddy zet de bloemen in een vaas naast het bed. De camera zoomt in op het bedankkaartje dat aan de bos bloemen hangt. *Je bent een schat. Hartelijk dank voor alles! Dikke kus van Eddy* staat op het kaartje geschreven.

'Nu begint het écht,' gilde Sander uit.
In een prachtig **glamourdecor**, stond Tanja boven aan een enorme trap. Met haar allerliefste lach zei ze: 'Zo dadelijk starten we de grote auditieshow van *Wat nu weer?!*, waar iedereen zo naar heeft uitgekeken. Het wordt een gezellige, feestelijke avond met vele nationale en internationale artiesten. En ... met MIJN EDDY! We zijn zo bij u terug maar eerst is het tijd voor wat reclameboodschappen. Tot zo!'
Het reclameblok dat volgde, leek uren te duren.
Liselot, Sander en zelfs mama hielden het niet meer en moesten allemaal van de zenuwen naar de wc.
'Zijn ze nu eindelijk begonnen?' riep Liselot toen ze terugkwam van het toilet. Mama en Sander hoefden geen antwoord te geven, want niemand minder dan Eddy verscheen in beeld. Met een zucht plofte Liselot tussen Sander en mama op de bank.
In het eerste uur trad **een keur van** artiesten op. De populaire meidengroep ZOEN gaf een spectaculair optreden. De hele studiozaal, vol jongens en meisjes, gilde het uit.
'Wist jij dat je je op kon geven om de show in de studio mee te maken?' vroeg Liselot.

'Nee, maar misschien heeft Tanja dat wel gezegd toen ik een paar dagen geleden direct na *Wat nu weer?!* de televisie had uitgezet.
'O ja,' herinnerde Liselot zich weer. Tijd om hier lang bij stil te staan was er niet, want de eerste drie van de vijf kandidaten voor de rol van de jongen werden bekendgemaakt ...

6. Een lange avond - deel 2

Het publiek kreeg op een enorm projectiescherm levensgrote foto's te zien van de uitgekozen kandidaten. Tanja voorzag elke foto van vrolijk commentaar: 'Joost uit Purmerend, twaalf jaar. Een bos vuurrood haar en honderden zomersproeten ... is erbij! Gefeliciteerd Joost. We zien jou volgende week terug hier in de studio. En ook deze knappe gozer is erbij: Mohammed ... Ook jou gaan we hier in de studio zien. En Roelof, ja ook jij bent erbij,' riep Tanja luidkeels.
Sander keek er niet van op dat hij er niet bij zat.
'En wie de eerste drie van de vijf meiden zijn ...? Dat horen jullie direct ná de reclame,' zei Tanja met een stralende tandpastaglimlach.
'Alweer reclame,' mopperde mama.
Sander kneep Liselot in haar hand.
'Waarom is al die reclame nou nodig?' riep mama uit. 'De televisieshow zou maar een uurtje duren als er niet steeds reclame was.'
'Dan hebben we wel tijd voor cola en chips!' lachte Liselot. Met een schuin oog keek mama naar Liselot en Sander. 'Cola en chips? Op een maandagavond?'
'Op de grote *Wat nu weer?!*-auditieshow-maandagavond,' probeerde Liselot.
'Goeie,' fluisterde Sander Liselot enthousiast in haar oor.
'Nou, vooruit. Tweemaal cola en chips ...; komt eraan.' Mama slofte naar de keuken en nam alle tijd van de

wereld. Met het dienblad vol lekkers kwam ze terug. Maar de reclameboodschappen waren nog steeds niet voorbij.
Eindelijk kwam Tanja weer in beeld. Nadat ze vertelde hoe bijzonder ze het vond dat miljoenen mensen naar deze televisieshow keken, kreeg ze van één van de assistenten een briefje. Op de achterkant stond een groot vraagteken. 'De eerste drie van de vijf meisjes ... heb ik hier,' sprak Tanja op geheimzinnige toon tegen de camera, terwijl ze met het briefje wapperde. **Tergend langzaam** vouwde Tanja het briefje open.
'Schiet nou op troel!' gilde mama uit.
'Mam!' riep Liselot. Zo kende ze mama niet.

‘Ssst,’ zei mama.
Tanja noemde drie namen van de winaars op. Bij elke naam verscheen er een levensgrote foto van de winnaar. Maar Liselot zat er niet bij.
Toen trad ZOEN nog een keer op. Halverwege het nummer was er een schitterend vuurwerk. En te midden daarvan verscheen de wereldberoemde, Amerikaanse filmster George Steel op het podium. Haarzuiver en in perfect Nederlands zong hij het laatste couplet van het lied mee.
‘Hij staat te playbacken,’ grinnikte Sander.
‘Verhip, je hebt gelijk,’ zei mama die nu ook zag dat zijn lippen niet tegelijk met het geluid bewogen.
Toch kreeg ook George Steel een waanzinnig applaus en van alle meiden van ZOEN kreeg hij, heel toepasselijk, een zoen. Plotseling viste George een briefje uit zijn broekzak. Een briefje met het gouden vraagteken. Tanja werd helemaal wild toen ze het briefje zag. ‘ZOEN, zien jullie wat ik zie?’ lachte ze.
Alle meiden van ZOEN knikten heftig. Ook de hele zaal schreeuwde en brulde ‘ja’. Er zouden weer namen worden bekendgemaakt.
‘Zijn het de namen van de laatste twee jongens of de laatste twee meisjes?’ vroeg Tanja zich hardop af. Inmiddels had George Steel het briefje opengevouwen en Tanja, die over zijn schouder meekeek, riep enthousiast uit. ‘Het zijn wéér de meisjes ... de láátste twee.’
Op het grote scherm was de foto te zien van een vrolijk

lachend meisje met krullend blond haar dat Monica heette. George Steel deed zijn uiterste best om haar naam goed uit te spreken.
'En dan nu de laatste naam van de winnaressen,' zei Tanja. Een zacht tromgeroffel klonk. Tanja sprak langzaam in de camera. 'Iedereen van *Wat nu weer?!* moest lachen om die ene zin die bij de foto stond: "Eddy is al twee jaar mijn held". Dus laten we Eddy erbij halen om de allerlaatste naam te noemen.'
Sander keek Liselot lachend aan. Maar Liselot had alleen oog voor de televisie. Eddy kwam onder luid gejoel het podium op, sloeg een arm om de schouder van George Steel en zei: 'De laatste kandidate is ... Liselot. Want jíj bent mijn heldin.'
'Ik zit erin!' gilde Liselot uit, terwijl ze vol ongeloof naar haar foto staarde die levensgroot in beeld kwam.
Tanja schakelde direct over naar de laatste twee jongens. 'Want iedereen heeft nu lang genoeg in spanning gezeten,' zei ze. Onmiddellijk verscheen de levensgrote foto van Sander in beeld.
Terwijl Matthijs, de laatste kandidaat van de jongens in beeld verscheen, maakten mama, Sander en Liselot een rondedansje van plezier. De telefoon rinkelde. Het was Sanders vader die belde dat hij even langs wilde komen. De hoorn lag nog maar net op de haak of de telefoon ging weer. Deze keer was het oma die Liselot feliciteerde en net deed alsof ze de wedstrijd al had gewonnen. Terwijl mama de voordeur opendeed om de buren die

op de stoep stonden binnen te laten, stopte met gierende remmen de auto met de ouders van Sander voor de deur. In het huis van Liselot werd het één groot feest.

7. In de krant

Na de uitslag veranderde het leven van Liselot en Sander in een gekkenhuis. Telefoontjes, interviews, sms'jes; het ging maar door. De **redactie** van *Wat nu weer?!* wilde alles over de kandidaten weten.
'Moet je nou kijken,' riep Liselot de volgende dag toen ze de krant opensloeg. Er stond een paginagroot artikel in over de soapwedstrijd met een korte beschrijving van de kandidaten erbij.

Karin, tien jaar. Geeft regelmatig een circusshow met haar vriendinnen voor de hele straat.
Amy, tien jaar. Woont in het zuiden van het land en haar grootste hobby is paardrijden.
Annemarie, elf jaar. Speelt dit jaar een hoofdrol in de kerstmusical op school.
Liselot, tien jaar. Is een heel grote fan van Wat nu weer?!.
Monica, twaalf jaar. Woont pas sinds een jaar in ons land, want ze is opgegroeid in Amerika waar ze in verschillende televisieseries kleine rolletjes heeft gespeeld.

'Die griet heeft al hartstikke veel televisie-ervaring,' zei Liselot terwijl ze op Monica wees.
'Dat zegt helemaal niets,' zei mama geruststellend.

Joost, twaalf jaar. Doet aan streetdance.
Mohammed, elf jaar. Er gaat geen dag voorbij zonder dat

hij een voetbal heeft aangeraakt.
Roelof, tien jaar. Speelt synthesizer.
Sander, tien jaar. Houdt van computerspelletjes.
Matthijs, elf jaar. Heeft het afgelopen jaar een bijrol in een theaterstuk gespeeld.

'Matthijs lijkt me een gevaarlijke concurrent voor Sander,' mompelde mama nadat ze alles had gelezen.
'Maar theater is anders,' zei Liselot.
Plotseling hoorden ze een harde bons vanuit de gang. Er lag een enorme stapel post op de deurmat. Bovenop lag een brief van de **arbeidsinspectie**. De moeder van Liselot opende de brief. Ze las hardop voor dat alle ouders van de deelnemers een handtekening moesten zetten. Daarmee gaven ze aan dat ze het goed vonden dat hun kind **live** op televisie zou komen. Alles moest volgens de regels van de inspectie verlopen. Zo mochten kinderen tussen tien en twaalf maar vijf keer per jaar optreden. De arbeidsinspectie zou dit allemaal in de gaten houden, zo stond in de brief.
De rest van de stapel was post van fans die achter het adres van Liselot waren gekomen. Terwijl Liselot op de bank alle kaarten en gelukswensen las, ging de deurbel. Het was Sander die meteen begon over een brief van de **redactie** van *Wat nu weer?!*. Hij wist te vertellen dat ze voor de eerste **live** auditieshow een heuse **scène** moesten gaan spelen.
Pas toen zag Liselot tussen haar post ook een envelop

van de redactie van *Wat nu weer?!* liggen. Snel scheurde ze hem open. Ze las dat de kandidaten werden uitgenodigd om op vrijdag met elkaar en met de programmamakers kennis te komen maken. Dit moest na schooltijd, omdat ze natuurlijk geen lessen mochten missen. En verder stond in de brief dat de meisjes de rol van Tamara zouden spelen. Tamara bleek de dochter van Rosalinde te zijn.
'Wist jij dat Rosalinde een dochter had?' vroeg Sander aan Liselot, terwijl hij de brief van Liselot las.

‘Nee. Maar in een soap kan alles,’ wist Liselot.
In het **script**, waar alle tekst in stond die ze moest leren, las ze dat Tamara een knallende ruzie had met haar moeder. Tijdens de ruzie gooide Tamara alles wat bij haar in de buurt was aan diggelen. Het was een heftige scène met veel gooi- en smijtwerk, maar gelukkig met weinig woorden. Onder aan de brief stond dat ze de rol goed moesten oefenen, zodat ze de sterren van de hemel zouden spelen.
‘Hoe moet ik nou oefenen?’ vroeg Liselot, terwijl ze om zich heen keek. Dan staat er over een paar dagen niets meer in huis.’
Sander moest lachen. ‘Je doet gewoon net alsof,’ zei hij. Sander zou de rol van Thomas gaan spelen, een jongen van twaalf. De **scène** speelde zich in het ziekenhuis af. Thomas lag in het ziekenhuis en had ongelofelijk veel pijn. Bovendien moest Sander spelen dat hij een enorme heimwee naar huis had.

Op school werd alles natuurlijk op de voet gevolgd. De juf bedacht keer op keer lessen die iets met *Wat nu weer?!* te maken hadden. In de plaatselijke krant was een stukje over Liselot en Sander verschenen, met een leuke prijsvraag. Het stukje stond bol van de spelfouten. Wie de meeste spelfouten wist te ontdekken, mocht volgende week Sander en Liselot interviewen over hun belevenissen tijdens de allereerste uitzending. De juf liet de tekst ook in de klas lezen. Robbie, niet al-

STUDIO 25

leen een rekenwonder maar ook een taalwonder, pikte er met het allergrootste gemak alle spelfouten uit.

Eindelijk was het vrijdag. Alle kandidaten zouden vandaag met hun ouders naar de televisiestudio komen voor de kennismaking. Een grote taxi stond al klaar toen Liselot en Sander uit school kwamen. Een uurtje later kwamen ze aan op het mediapark in Hilversum, waar de gebouwen en televisiestudio's waren van alle omroepen. Liselot en Sander keken hun ogen uit. Wat stonden er veel grote gebouwen! De taxichauffeur stopte voor de ingang van 'Studio 25'.

8. In de spotlights

In de studio werden ze ontvangen door een jonge vrouw met een stralende glimlach.
'Ik ben Brenda,' zei ze en gaf Sander en Liselot een hand. 'Welkom en fijn dat jullie op tijd zijn. Jullie zullen me nog heel vaak zien want ik ben de **producer** van de *Wat nu weer?!*-auditieshow. En nu vragen jullie je natuurlijk af wat een producer is,' ratelde Brenda verder. 'Ik regel alles ... voor iedereen. Dus als je vragen hebt, dan kom je naar Brenda.'
Brenda, die niet alleen voor alles en iedereen antwoorden had, hield ook alles en iedereen in de gaten. Ze zag dat Roelof was binnengekomen. Vol enthousiasme stormde Brenda naar hem toe. Sander stootte Liselot aan. Daar in de hoek van de studiozaal stond Eddy met Tanja te praten. Mama gaf Liselot **resoluut** een duwtje in zijn richting.
'Kom,' zei mama. 'Dit is je kans hem te ontmoeten. Op naar Eddy.'
'Mama, niet doen,' siste Liselot verschrikt.
'Vroeg of laat moet je hem toch leren kennen,' drong mama aan. 'Dus waarom niet meteen?'
Maar Liselot hoefde er al niet meer over na te denken. Eddy had haar in de gaten gekregen en riep: 'Hallo, jij bent Liselot, mijn heldin.'
'Ja ... dat ... eh ... b-ben ik,' stotterde Liselot wanhopig.
'Hoi, Liselot,' zei Tanja, terwijl ze Liselot en haar moe-

der een hand gaf. Liselot voelde dat haar gezicht vuurrood werd. Gelukkig redde Tanja Liselot door haar te vragen waar Sander was. Ze had gehoord dat Liselot en Sander hartsvrienden waren. Snel keek Liselot rond en ontdekte dat Sander bij Mohammed en Roelof stond.
'Zal ik hem even halen?' vroeg Liselot.
'Lijkt me hartstikke leuk,' zei Tanja. 'Ik ben ontzettend nieuwsgierig naar de jongen die zo graag Eddy zou willen zijn,' grapte ze.
Liselot maakte zich onmiddellijk uit de voeten en rende naar Sander toe.
'Tanja wil je ontmoeten,' zei Liselot. Nu kreeg Sánder

het warm. Met knikkende knieën liep hij, op de voet gevolgd door Mohammed en Roelof, op Tanja af.
Liselot stelde haar vriend keurig voor aan Tanja. 'Dit is nou Sander,' zei ze.
Tanja bleek in werkelijkheid hartstikke aardig te zijn. Nadat ze ook Roelof en Mohammed een hand had gegeven, gaf ze aan iedereen uitstekende adviezen. 'Als je morgen op het podium staat, moet je gewoon niet denken aan alle mensen die thuis voor de televisie zitten. Je speelt gewoon je rol en je doet alsof niemand kijkt.'
Mama en Eddy konden het prima met elkaar vinden. Eddy vertelde haar dat hij één van de juryleden was en dat hij het leuk vond om nieuw talent te ontdekken. 'Misschien schuilt er wel een filmster in Liselot of Sander,' fluisterde hij haar toe. Mama moest lachen en zei dat het al fantastisch was dat ze dit allemaal mochten meemaken.
Plotseling sprak Brenda door een microfoon. 'Beste kandidaten en beste ouders,' zei ze helder en duidelijk. 'Fijn dat jullie er allemaal zijn. Morgen is de eerste show. Dag en nacht is hier keihard gewerkt om het podium en de zaal voor de auditieshows op tijd af te krijgen. Aan jullie de **primeur** om het fantastische resultaat te bewonderen. Dus ... als jullie me zouden willen volgen?'
Brenda liep naar een lange gang en iedereen volgde haar vol verwachting. Links en rechts waren er kleedkamers en om de paar meter hingen er enorm grote

televisieschermen. Halverwege de gang stopte Brenda. 'Morgen kunnen jullie je in één van de kleedkamers verkleden en zullen de mensen van de make-up iedereen van een laagje poeder voorzien. Ook de jongens,' voegde Brenda er lachend aan toe, toen ze zag dat een paar van de jongens dachten dat zij zouden worden overgeslagen.

Terwijl ze verder liepen, stootten Sander en Liselot elkaar blij aan. De kleedkamers van de jongens en de meisjes lagen naast elkaar. Brenda ging door een klapdeur een grote, donkere zaal in. Ze wachtte tot iedereen binnen was, gaf een teken met haar hand en riep uit: 'Welkom in de *Wat nu weer?!*-show.' Als vanzelf floepte het zaallicht aan en een enorme studiozaal werd zichtbaar.

'Hier kunnen wel duizend man in,' fluisterde Sander in het oor van Liselot. Liselot knikte.

'En dan nu ... het **decor**,' riep Brenda. Ze gaf weer een teken en plotseling was er een kleurrijk verlicht podium te zien. Het podium was in één woord prachtig. Tientallen lampen zorgden voor een intieme sfeer. Met de decorstukken kon geschoven worden zodat je het ene moment een woonkamer zag en het volgende moment een ziekenhuis.

'Kandidaten, ga maar in de **spotlights** staan,' riep Brenda enthousiast. Alle kandidaten liepen voorzichtig op het immense podium af. Even later stonden ze nog wat onwennig naast elkaar. 'Je ziet hier niets van die

grote zaal,' zei Liselot verbaasd.
'Gelukkig niet,' zei Sander die de schrik nu al in zijn benen had.
'En voelt dat niet geweldig?' vroeg Brenda die inmiddels ook op het podium was gestapt. 'Om alvast aan het versterkte geluid van je eigen stem te wennen, mogen jullie allemaal iets door de microfoon zeggen,' riep Brenda enthousiast.
Nadat alle kandidaten hun eigen stem door de zaal hadden horen galmen, zei Brenda: 'Ik weet het, het is hartstikke spannend. Maar je zult zien dat je na morgen het liefst op dit podium wil blijven.'
Sander en Liselot keken elkaar vol ongeloof aan. Ze vonden het nu, voor een lege zaal, al doodeng.

Een uurtje later werd er afscheid genomen. Voor eventjes maar, want iedereen zou elkaar de volgende dag alweer terugzien. 's Middags zouden ze eerst een **generale repetitie** hebben. En 's avonds was dan de uitzending van de eerste auditieshow.

9. Stilte voor de storm

Liselot kon die avond niet in slaap vallen. Klaarwakker lag ze te woelen en te draaien in haar bed. Ze hoorde de kerkklokken drie uur slaan. Liselot bleef maar denken aan die enorme studiozaal. En ze was doodsbang dat ze halverwege de **scène** plotseling niet meer wist wat ze moest zeggen en moest doen.

Toen ze de volgende dag wakker werd, zag ze tot haar schrik dat het bijna acht uur was. Liselot schoot overeind. Over een halfuur zou Sander op de stoep staan om voor de allerlaatste keer hun scènes te oefenen.
'Waarom heb je me niet wakker gemaakt?' riep Liselot verontwaardigd naar haar moeder, die in de keuken de vaatwasmachine aan het uitruimen was.
'Lieverd, je lag zo heerlijk te slapen,' zei mama. En vanavond zal het ook aardig laat worden, dus je hebt je nachtrust meer dan nodig,' legde mama uit. 'Wil je een hardgekookt eitje bij het ontbijt?'
'Nee, daar heb ik absoluut geen tijd voor, Sander komt zo,' zei ze, terwijl ze een boterham met hagelslag en pindakaas in haar mond propte. In vijf minuten tijd had Liselot de boterham op. Daarna sprintte ze naar boven om te gaan douchen.

Klokslag halfnegen stond Sander voor de deur. Liselot, die net klaar was met douchen, rende de trap af en

maakte voor Sander de voordeur open.
'Ik heb vreselijk slecht geslapen,' was het eerste wat ze zei. 'Ik moest steeds maar denken aan die enorme studiozaal en aan de miljoenen mensen die vanavond naar me kijken.'
'Tanja zei dat je daar gewoon niet bij na moet denken, en volgens mij heeft ze daar gelijk in,' stelde Sander Liselot gerust.
'Ik hoop maar dat me dat lukt,' **prevelde** Liselot.
'Kom,' zei Sander. 'Laten we voor de allerlaatste keer repeteren.'

Alle spullen die in een scène werden gebruikt, noemde men 'rekwisieten'. Dat had Liselot van haar moeder geleerd. Liselot had de rekwisieten om mee te oefenen voor haar scène op haar slaapkamer liggen: een hele berg kussens. Het paarse kussen was de vaas die ze kwaad op de grond moest smijten. Eerst zou ze dus, volgens het **script**, de vaas aan diggelen laten vallen. Vervolgens was het oranje kussen, dat dienstdeed als theepot, aan de beurt. Rosalinde zou dan verschrikt uitroepen dat het haar lievelingstheepot was en hoe Tamara het in haar hoofd haalde om deze kostbare spullen kapot te gooien. Tamara bleek een eigen willetje te hebben en riep dat ze nog veel meer stuk kon maken, waarna de lamp, het dienblad en een bord door de kamer vlogen.

Liselot ging helemaal op in haar rol en kende het **script** door en door. Ook Sander had zijn rol inmiddels zo vaak geoefend dat het net leek alsof hij daadwerkelijk doodziek was en hij erge heimwee naar huis had als hij de scène speelde.

'Nou, aan onze acteerprestaties zal het vanavond niet liggen,' zei Sander.
'Als ik mijn zenuwen maar in bedwang kan houden,' zei Liselot. 'Ik heb vannacht de hele tijd gedroomd dat ik op het podium alles was vergeten,' vertelde ze met een glimlach.
Terwijl Liselot en Sander naar beneden liepen, ging de voordeurbel. Het was de postbode die een enorme stapel kaarten in zijn handen had. 'Te veel om door de bus te duwen,' zei hij lachend. Hij stapte fluitend weer op zijn fiets en riep: 'Succes vanavond!'

Door alle drukte van de afgelopen dagen hadden ze nauwelijks tijd gehad om naar *Wat nu weer?!* te kijken. Gelukkig kon je alle gemiste afleveringen op internet bekijken. En nu hadden Liselot en Sander nog net even tijd om twee afleveringen mee te pikken, voordat ze naar Hilversum zouden vertrekken.

> Tanja zit op de bank een tijdschrift te lezen. Dan gaat de telefoon. Het is Eddy.
> 'Ik moet écht even je stem horen, want ik hou zo veel van je,' zegt hij. 'Je bent écht de ware voor me.'
> 'En jij bent mijn prins op het witte paard,' antwoordt Tanja.

'Bah, ze zijn wel vreselijk klef,' zei Sander.

'Juist mooi,' vond Liselot. 'Ze zijn gewoon hartstikke verliefd op elkaar.'

> In haar woonkamer, op de bank, zit Tanja na te genieten van haar gesprek met Eddy. Ze houdt een foto van Eddy in haar hand en drukt er een zoen op. Dan pakt ze de telefoon en belt haar beste vriendin om te vertellen hoe verliefd ze is op Eddy.
> Op hetzelfde moment wordt Rosalinde wakker en ziet de enorme bos bloemen. Ze wordt helemaal stil als ze het kaartje leest. De camera zoomt in op de ogen van Rosalinde, die nu helemaal verliefd kijken.

In de afleveringen die daarop volgden werd het steeds duidelijker dat Eddy een dubbelleven aan het leiden was. Hij bezocht Rosalinde keer op keer en bekende haar tijdens een van zijn bezoekjes dat hij haar leuk vond.
'Hij houdt ze allebei aan het lijntje,' sprak Liselot vol afschuw.
Sander knikte.
'En ik heb nog wel gezegd dat hij mijn held is,' zei Liselot een beetje beschaamd.

10. De generale repetitie

’s Middags om één uur stond de taxi met die aardige taxichauffeur weer klaar. Gelukkig was het rustig op de weg, zodat ze nauwelijks een uurtje later in het mediapark aankwamen.
‘Keurig op tijd,’ lachte Brenda toen ze Liselot en Sander binnen zag komen. ‘Jullie mogen meteen door naar het restaurant, want over een halfuur worden jullie verwacht bij de make-upafdeling. En dan moeten jullie je ook nog verkleden. Want ... over een uurtje starten we met de **generale repetitie**.’
‘Nou, het begint geloof ik écht,’ zei Liselot zenuwachtig. ‘Volgens mij krijg ik van de zenuwen geen hap door mijn keel,’ zei ze en wreef met haar hand over haar buik.
‘Ik voel ook rare kriebels,’ gaf Sander eerlijk toe.

In het restaurant rook het heerlijk. Er was een lange tafel gedekt voor alle kandidaten, een tafel voor alle soapsterren, een tafel voor de cameraploeg en verspreid stonden er tafeltjes waar de ouders konden zitten. Liselot en Sander gingen zitten bij Monica, het Amerikaanse meisje. Monica bleek helemaal niet zenuwachtig te zijn. Ze vertelde aan iedereen dat ze al vaak had geacteerd dus dat deze wedstrijd voor haar een koud kunstje was. Matthijs en Joost zaten tegenover haar en bekeken haar vol bewondering. Liselot durfde niet te vertellen dat zij de afgelopen nacht, van

de zenuwen, nauwelijks een oog had dichtgedaan.
Maar toen bedacht ze: Als Monica geen zenuwen heeft, waarom zou ik ze dan hebben? Ze werd wat rustiger. Daarna dacht ze niet meer aan Monica, want ze werd afgeleid door Matthijs. Haar ogen werden steeds weer naar die jongen getrokken.
Ineens had Matthijs in de gaten dat Liselot naar hem zat te kijken. Hij gaf Liselot een stralende glimlach en stak zijn hand uit.
'Volgens mij kennen we elkaar nog niet,' zij hij zelfverzekerd.
'Hoi Matthijs, ik ben Liselot.' Tot haar verbazing stotterde ze niet en kreeg ze ook geen rood hoofd. Wel zag Liselot vanuit een ooghoek dat Monica haar scherp in de gaten hield.

Bij de make-up leek de hele ruimte één grote spiegel.

De spiegels waren omringd door ontelbaar veel lampen, zodat je jezelf van alle kanten wel moest bekijken. Vliegensvlug werd iedereen onderhanden genomen. Poeder, **mascara** en een beetje gel waren genoeg om de rol van de sportieve Tamara te spelen. Sander kreeg een grijsgeel smeersel op zijn gezicht zodat hij er als Thomas ziek en moe uitzag.
Brenda stak haar hoofd om de hoek van de deur en zei: 'Het is tijd om je om te gaan kleden, want over tien minuten start de **generale repetitie**.'

Op de grote plasmaschermen, die zowel in de gangen als in de kleedkamers hingen, konden de kandidaten volgen wat er op het podium gebeurde.
'We beginnen met de jongens. Het podium is nú voor jullie,' riep Tanja blij door de microfoon. Een mannenstem, de **voice-over**, kondigde de eerste kandidaat aan. Joost uit Purmerend moest het spits afbijten met de ziekenhuisscène. Hij speelde zijn rol goed, totdat er plotseling een stilte viel. Joost was zijn tekst vergeten en keek even angstig in de camera. Gelukkig improviseerde Rosalinde meteen een stukje in de scène. Ze verzon er zelf wat tekst bij, waardoor Joost de draad weer kon oppikken.
Ondertussen kreeg Sander een seintje dat hij naar het podium moest. Met zelfverzekerde passen stapte hij een paar tellen later op het donkere podium. Zodra Sander het bed was ingestapt, floepten één voor één

alle lichten aan. Daar lag hij dan in de **spotlights**, zogenaamd ziek te zijn. Sander bleek helemaal geen plankenkoorts te hebben en speelde met het grootste gemak de hele scène. Aan het eind sprong hij blij uit zijn bed om zogenaamd het applaus in ontvangst te nemen van het publiek dat nu nog niet in de zaal zat.
In rap tempo volgden Roelof, Mohammed en Matthijs. Tijdens de scène van Matthijs ging er echter iets mis met het licht, waardoor Matthijs uit zijn bed kwam en even vergat ziek te zijn. Van schrik sloeg Liselot een hand voor haar mond. Net op dat moment kwam Monica naast Liselot staan en vroeg met een smalende glimlach: 'Voor wie ben je eigenlijk? Voor Matthijs of voor Sander?'
'Waar heb je het over?' zei Liselot kwaad. 'Sander ís gewoon mijn allerbeste vriend en ik ken Matthijs niet eens.'
'Ik zag anders wel hoe je tijdens het eten naar hem keek,' lachte Monica gemeen. Daarna draaide ze zich om en liep weg. Liselot keek haar verbaasd na.
In de kleedkamer werd druk gepraat over ieders kansen om te winnen. Monica vond dat ze zelf veel kans maakte.
'Je denkt zeker dat je nú al hebt gewonnen,' riep Karin haar toe.
'Natuurlijk. Ik heb tenslotte mijn hele leven al waanzinnig veel geacteerd,' zei Monica hooghartig. 'Maar ik ga nu nog even naar de make-up voor een allerlaatste

check.' Daarna verliet ze de kleedkamer.
Liselot kon er smakelijk om lachen. Monica had zich met haar opschepperij bij de andere kandidaten niet bepaald populair gemaakt.

11. Voor de camera's

'En dan nu de meiden,' kondigde Tanja aan. 'Succes!'
Liselot, die na Karin en Amy als derde aan de beurt was, zag dat Karin bloednerveus was. En tijdens het spelen van haar scène leken de zenuwen alleen maar erger te worden. Ze vergat helemaal om met de rekwisieten te gooien die om haar heen gelegd waren. Rosalinde deed haar best om Karin te helpen maar kon niet verhinderen dat ze halverwege de scène in een vreselijke huilbui uitbarstte. Het was de nachtmerrie van Liselot, maar doordat dit nu bij één van de andere meisjes gebeurde, werd Liselot van binnen vreemd genoeg heel rustig.
Amy deed het beter: ze speelde alles volgens het script.
Laat zien dat je niet bang bent, dacht Liselot, toen haar naam door de **voice-over** werd aangekondigd.
'Toi toi toi!' riep Sander haar na.
Het oefenen met de kussens was niet voor niks geweest, want Liselot gooide en smeet achtereenvolgens de vaas, de lievelingstheepot, de lamp, het dienblad en het bord aan gruzelementen. Het leek alsof haar geschreeuw er als vanzelf uitkwam en voordat ze er erg in had was de scène voorbij.
Na Liselot was Monica aan de beurt. Monica bleek niet alleen stalen zenuwen te hebben, maar ze kon ook ongelofelijk goed acteren. Ze maakte niet één fout en schreeuwde en smeet met alle spullen dat het een lieve lust was. Lachend en met een handkusje naar de

camera verliet Monica het podium.
Ook Annemarie bracht het er aardig vanaf tijdens de generale repetitie. Ze versprak zich één keer maar wist zich onmiddellijk te herstellen.

'Volgens mij zijn jullie er allemaal helemaal klaar voor,' zei Brenda toen alle kandidaten even later in de gang bij elkaar stonden. Iedereen knikte heftig. 'En kijk, de studiozaal stroomt al vol.' Iedereen keek naar het plasmascherm, waarop te zien was dat de studiozaal al voor meer dan de helft gevuld was. 'Ga nog maar even

relaxen allemaal, want over een kwartier **gaan we in de lucht**,' zei Brenda.
Liselot bleef met Sander in de gang staan.
'Die Monica is écht knettergek,' fluisterde ze, nadat alle anderen naar de kleedkamers waren gegaan.
'Hoezo?' vroeg Sander nieuwsgierig.
'Ze is er al volledig van overtuigd dat ze wint, met al haar acteerervaring,' zei Liselot. 'Dat doe je toch niet, zo opscheppen?'
'Ja, maar ze was wel erg goed zojuist, vond je niet?' vroeg Sander.
'Dat kan dan wel zo zijn, toch is het een ontzettend vreemde meid,' hield Liselot vol.

Op het plasmascherm verscheen Tanja in beeld. Ze heette iedereen van harte welkom bij deze mooie televisieavond. Daarna legde ze aan alle mensen in de studiozaal en de kijkers thuis uit dat vanavond acht van de tien kandidaten door gingen naar de volgende auditieronde. Vier jongens en vier meisjes. Het zou dus een moeilijke taak voor de **vakjury** worden. Daarna stelde ze de vakjury voor. Naast Eddy zaten in de vakjury George Steel en Stephanie, de **leadzangeres** van de meidengroep ZOEN. Eerst zouden de vijf jongens aan de beurt zijn en daarna de vijf meisjes. Precies volgens hetzelfde schema als bij de generale repetitie. Om de spanning erin te houden, zou de jury pas na afloop op alle kandidaten commentaar geven.

Liselot rende naar de gang waar Sander stond te wachten tot er een seintje werd gegeven dat hij het podium op mocht.
'Wat speelt hij nu goed,' zei Liselot, terwijl ze naar het spel van Joost keek.
'Ja, hij zegt zijn tekst helemaal goed,' beaamde Sander, terwijl een luid applaus klonk voor Joost.
'Maar nu jij. Je kunt het,' fluisterde Liselot in zijn oor.
'Ik voel me nu al ziek en misselijk,' grapte Sander.
Sander speelde prima en na afloop klonk er dan ook een gejuich en gejoel vanuit de studiozaal.
'Het ging goed hè,' zei Sander even later, toen hij Liselot weer zag.
'Nog beter dan bij de generale repetitie,' zei Liselot.
'Of klink ik nu als Monica?' vroeg Sander lachend.
'Een beetje,' giechelde Liselot. 'Pas maar op dat je niet naast je schoenen gaat lopen.'
Sander was zo vol van zijn acteerprestaties dat hij niet had gezien hoe Mohammed en Roelof het hadden gedaan.
'Even kijken,' zei Liselot toen ze zag dat Matthijs het podium op kwam. Met extra veel belangstelling keek ze naar hem. Matthijs deed het uitstekend. Hij wist overtuigend te spelen dat hij ontzettend veel pijn had. Bovendien leek het alsof hij écht tranen in zijn ogen had, zodat ook zijn heimwee erg overtuigend overkwam.

De **vakjury** kreeg het woord en beoordeelde de kandidaten. Ze verklaarden **unaniem** dat de kwaliteit van de acteerprestaties hoog was. En dat het knap lastig was om te beslissen wie van de jongenskandidaten naar huis moest worden gestuurd.

12. Door naar de volgende ronde

Weer was het de beurt aan de meiden. Tanja kwam het podium op en zei dat alle meisjes stonden te popelen om op te treden.
Karin bleek haar zenuwen nu veel beter in bedwang te kunnen houden. Zonder ook maar één foutje te maken speelde ze de rol van Tamara overtuigend. Nadat Amy het er ook zonder kleerscheuren vanaf had gebracht, was het de beurt aan Liselot.
Trillend van de zenuwen liep ze het podium op. Maar vreemd genoeg vergat ze alles om zich heen, zodra ze begon te spelen. Ze zette een erg overtuigende Tamara neer. Pas toen Liselot het applaus in ontvangst nam, werd ze zich weer bewust van haar omgeving en van het publiek. Even later achter de schermen gaf ze Sander opgelucht een high five.
Toen was het de beurt aan Monica. Sander en Liselot keken met open mond naar haar. Monica speelde gewoonweg fantastisch.
'Nou, die gaat vast door,' zei Sander.
'Ja,' zei Liselot, 'dat kan niet anders ... Eerlijk is eerlijk, ze speelde de rol van Tamara wel verschrikkelijk goed.'
Met Annemarie ging het minder goed. Door het waanzinnig goede optreden van Monica was ze plotseling erg onzeker geworden. Ze hakkelde en stuntelde tijdens de scène en raakte steeds meer in de war. Ze wist dan ook niet hoe snel ze na het optreden van het

podium moest rennen. Huilend viel ze in de armen van Brenda.

'Lieve Annemarie,' troostte Brenda haar. 'Je hebt ontzettend goed je best gedaan. Je hebt voor een volle zaal gespeeld. Je mag hartstikke trots zijn op jezelf.'

Annemarie veegde de tranen uit haar gezicht en kon weer een beetje lachen.

'Ik ben blij dat het achter de rug is,' zei ze opgelucht.

'Je weet nooit wat de jury beslist,' zei Brenda opbeurend.

Na het reclameblok waren alle ogen op de **vakjury** gericht. Eddy was de voorzitter van de vakjury en hij sprak lovend over alle deelnemers. 'Jullie hebben met

veel lef laten zien dat je voor deze enorme studiozaal en voor miljoenen kijkers thuis durft op te treden. En hoe! Ik wist niet dat er zo veel jong talent rondloopt,' zei hij met een stralende glimlach. Hij draaide zich om naar het publiek. 'Ik geef het jullie te doen, om voor zo veel mensen op te treden. En zij,' zei hij, terwijl hij wees naar alle kandidaten die zich op het podium verzameld hadden, 'hebben het toch maar mooi gedaan.'
'Goed,' sprak Tanja. 'Maar toch mogen er maar acht kandidaten door naar de volgende ronde. Is het jullie gelukt om een keuze te maken?'
Eddy wachtte eventjes en keek achtereenvolgens naar George Steel en naar Stephanie, waarna hij de verlossende woorden sprak: 'Ja, het is gelukt, Tanja.'
Er volgde meteen een luid applaus vanuit de zaal. Tanja kon bijna niet boven het lawaai uitkomen. Uiteindelijk lukte het haar de zaal stil te krijgen. Eddy schraapte zijn keel.
In de zaal kon je nu een speld horen vallen ...
'De vier jongens die door mogen naar de volgende ronde zijn: Joost, Matthijs, Sander en Mohammed,' riep Eddy luidkeels door de microfoon.
'Jongens, gefeliciteerd,' zei Tanja.
Broederlijk gingen de vier winnaars om Roelof heen staan. Ondanks zijn goede spel vond de jury de overige kandidaten een tikkeltje beter. Roelof haalde zijn schouders op en bleek een goede verliezer. 'Dan heb ik wel weer alle tijd voor mijn synthesizer,' sprak hij zelf-

verzekerd door de microfoon. 'Wie weet, doe ik nog een keer mee aan een synthesizerwedstrijd en haal ik dan wel de tweede ronde.'
Tanja gaf hem een bemoedigend klopje op zijn schouders en zei: 'En nu ben ik reuzebenieuwd wie er van de meisjes door mogen naar de volgende ronde. Eddy, laat ons niet langer wachten. Vertel, wie zijn het geworden?'
Eddy keek weer op zijn briefje en zei dat de jury van oordeel was dat er bij de meisjes een nieuwe filmster was ontdekt. Als Monica nú al zo goed kon acteren dan beloofde dat wat voor de toekomst. Maar ook alle andere meisjes hadden ontzettend goed hun best gedaan. Daarna sprak hij heel langzaam de namen uit van de meisjes die door mochten naar de volgende ronde: 'Monica ... Karin ... Amy ... en ... Liselot.'
Terwijl Sander en Liselot van blijdschap stonden te springen op het podium, vertelde Annemarie door de microfoon dat ze een fantastische week had gehad en dat ze gelukkig wél een hoofdrol in de kerstmusical had. 'En dan is er gelukkig iets minder publiek,' sloot ze af.
Gelukkig werden de afvallers, Roelof en Annemarie, flink in de watten gelegd. Ze kregen een spetterende agenda van *Wat nu weer?!* in hun handen gedrukt met daarin de handtekeningen van álle soapsterren en ze mochten bij de volgende rondes in het publiek zitten.
Onderweg naar huis raakten Sander en Liselot niet uitgepraat over de televisieavond.

‘Zag je hoe superverwaand Monica keek toen Eddy haar dat compliment gaf dat ze ontdekt was als nieuwste filmster?’ vroeg Liselot.
‘Ja,’ lachte Sander. ‘Ik durf er een weddenschap op af te sluiten dat ze in Amerika al tien jaar een filmster is.
‘Het is misschien wel de allermooiste avond van mijn leven,’ zei Liselot plotseling heel serieus. Iedereen in de auto schoot in de lach. Maar ze waren het erover eens dat het een mooie avond was.

13. Steeds populairder

De volgende ochtend opende Liselot de brief die Brenda haar na afloop van de televisie-uitzending in de hand had gedrukt. Volgende week zaterdag zou ze nogmaals de rol van Tamara spelen. Ze zag dat ze deze keer veel meer tekst moest leren, want alle kandidaten moesten twee scènes spelen.
Liselot las de eerste scène uit het script. Tamara vond dat ze te weinig kleedgeld van haar moeder Rosalinde kreeg. Rosalinde zei dat het geld haar niet op de rug groeide en dat vijftig euro per maand meer dan genoeg was voor een meisje van twaalf. Dan volgde er een stortvloed van woorden waaruit bleek dat Tamara erg brutaal was tegen haar moeder. Aan het eind riep ze kwaad dat Rosalinde alleen nog maar aan Eddy dacht en geen aandacht meer had voor haar dochter.
Toen ze beide scènes had gelezen, belde Liselot Sander op.
'Sander, ik weet hoe het verder gaat: Eddy gaat Tanja verlaten en kiest voor Rosalinde,' vertelde ze in één adem alsof het wereldnieuws was.
'Hoe weet je dat? Heeft Tanja je dat verteld?' vroeg Sander nog half slaperig.
'Nee, dat staat in het script voor de volgende auditieshow. Tenminste daar lijkt het op,' zei Liselot.
Sander was nu klaarwakker. Hij pakte zijn script en las zijn scène hardop voor aan Liselot.

Thomas wilde Tamara vragen om met hem naar de bioscoop te gaan. Ze hadden elkaar in het ziekenhuis ontmoet en Thomas was inmiddels weer beter. Maar toen hij het telefoonnummer van Tamara intoetste, kreeg hij in plaats van Tamara haar moeder Rosalinde aan de telefoon. Toen Rosalinde hoorde wat hij van plan was, zei ze dat Tamara nog te jong was om alleen met een jongen naar de bioscoop te gaan. Rosalinde had een beter plannetje. Thomas moest eerst maar eens een avondje bij haar en Tamara langskomen.
'Mmm, een telefoongesprek is niet zo moeilijk,' vond Sander.
Ze besloten om in elk geval deze week iedere avond na *Wat nu weer?!* te gaan repeteren.

'Rosalinde, heb je zin om met me te gaan lunchen?' vraagt Eddy.
Even later zitten ze aan een tafeltje. Als Eddy een slok van zijn cappuccino neemt, schiet Rosalinde in de lach. 'Je hebt een snorretje,' lacht ze waarna ze teder de roomwitte melk van zijn bovenlip veegt.
Voor het raam van de lunchroom loopt Tanja toevallig voorbij.

'Oei, op heterdaad betrapt,' lachte Sander.

Tanja ziet hoe haar Eddy Rosalinde een kus op

haar hand geeft en stormt ziedend van woede de lunchroom binnen.
'Jij misselijkmakende ellendeling, weet je waar jij thuishoort?' gilt ze door de ruimte.
Alle gasten draaien zich om.
'Bij het oud vuil! Daar en nergens anders!'
Tanja draait zich om en loopt half huilend en half tierend naar buiten. Ze stapt in haar auto en rijdt naar haar appartement. Woedend pakt ze alle spullen van Eddy in een paar koffers en zet ze buiten op straat.

'Net goed!' zei Liselot.
'Dus Eddy en Rosalinde zijn verliefd…' zei Sander. 'En als ik mijn script goed lees, wordt Thomas ook nog verliefd op Tamara.'
'Ja,' lachte Liselot. 'Dan word jij dus hartstikke verliefd op mij.'
Liselot en Sander keken elkaar een beetje ongemakkelijk aan. Ze waren dan wel hartsvrienden, maar een verliefd stel spelen, dat was toch iets héél anders.

Sander en Liselot werden met de dag populairder. Zodra ze één voet buiten de deur hadden gezet, werden ze door iedereen in de gaten gehouden. Mensen herkenden hen op straat en soms moesten ze zelfs een handtekeningen uitdelen.
Op woensdag stond er ineens een foto van Liselot op

de omslag van *Echt waar*, een goedkoop roddelblad. De foto was genomen op een druilerige dag, op de terugweg van school naar huis en Liselot keek er niet zo blij op. Met dikgedrukte letters stond erbij geschreven: *Wordt het Liselot allemaal te veel?* Het hele artikel stond bol van de leugens. Zo stond erin dat de moeder van Liselot haar dochter onder druk had gezet om mee te doen met de grote auditieshow. Omdat mama zélf ooit een carrière als filmster had gewenst en háár dit niet was gelukt, moest haar dochter nu deze droom verwezenlijken, volgens het blad.

'Hoe kómen ze erop?' vroeg mama zich af.
'Dit is gewoon je reinste onzin,' riep Liselot ontsteld uit. 'Wat moeten de mensen nu niet van ons denken?'
Sommige mensen leken inderdaad alles te geloven wat in *Echt waar* stond, want Liselot en mama werden de volgende dagen regelmatig over het artikel op straat aangesproken.
Nadat mama voor de zoveelste keer door een vreemde mevrouw was aangesproken die haar vertelde dat ze haar dochter een gezonde opvoeding moest geven, belde ze Brenda op.
'Ik weet gewoon niet wat ik met deze situatie aan moet,' zei ze.
Brenda probeerde haar een beetje gerust te stellen en zei dat ze het blad zou gaan bellen.
Twee uur later belde Brenda om te zeggen dat alles met een sisser was afgelopen. De programmamakers van *Wat nu weer?!* hadden de **redactie** van het blad gebeld om te zeggen dat ze van plan waren er een rechtszaak van te maken. Dat bleek voldoende.
De redactie beloofde in het eerstvolgende nummer te schrijven dat het verhaal over Liselot onjuist was en dat Liselot geheel uit eigen vrije wil deelnam aan de auditieshow.

14. Verliefd

Liselot was behoorlijk van haar stuk gebracht door dat vervelende artikel in het roddelblad. Ze kon haar gedachten niet goed bij het nieuwe script houden. Het oefenen met Sander ging daardoor ook niet zo lekker. Voor de tweede scène moesten telkens één kandidaat van de jongens en één kandidaat van de meisjes met elkaar spelen. In deze scène gingen Thomas en Tamara naar de bioscoop en waren ze heel verliefd op elkaar.
'Eigenlijk is dit helemaal niet leuk,' zei Liselot op woensdagmiddag tegen Sander. 'Als de andere kandidaat er niks van bakt, lig je er misschien uit.'
Sander vond het bovendien flauw dat de programmamakers tot het laatste moment geheimhielden wie met wie op moest treden.
's Avonds keken Liselot en Sander natuurlijk naar de nieuwste aflevering van *Wat nu weer?!*.

> Tanja zit aan een tafel en is letters uit de krant aan het knippen. De letters plakt ze op een wit velletje papier. De camera zoomt in op het papier. Er staat: ZORG DAT JE EDDY NOOIT MEER ZIET, OF ANDERS ...
> Tanja stopt het papiertje in een envelop, die geadresseerd is aan Rosalinde.

Toen was de aflevering alweer afgelopen. Op dat mo-

ment ging de voordeurbel. Het was Robbie, die de spelfoutenwedstrijd van de krant gewonnen had. Als een ervaren journalist stelde hij hun allerlei vragen over belevenissen bij de auditieshow.
'En?' vroeg Robbie aan Liselot. 'Met wie hoop je aanstaande zaterdag te spelen?'
'Met Sander,' loog ze. Snel keek ze naar beneden en hoopte maar dat Sander en Robbie niet in de gaten hadden dat ze moest blozen.

Op de avond van de tweede *Wat nu weer?!*-show waren alle kandidaten nerveus. Pas een uur voor de show zou starten, werden ze door Brenda bij elkaar geroepen. Ze had een lijst bij zich met daarop de namen van de koppels.
'Luister,' vertelde ze. 'In het eerste deel van de televisieshow spelen jullie je eigen scène. Na de reclamebreak worden de scènes met de koppels gespeeld. Als eerste treden Joost en Karin op. Het tweede koppel bestaat uit Mohammed en Monica, gevolgd door Sander en Amy. En tot slot is het de beurt aan Matthijs en Liselot.
Matthijs keek blij en gaf Liselot meteen een vette knipoog. Sander had niets in de gaten en sloeg een arm om de schouders van Liselot.
'Jammer. Ik had gehoopt dat wij met zijn tweeën een koppel zouden zijn.'
Liselot had geen tijd om te antwoorden, want Brenda riep: 'Omkleden en naar de make-up.'

'Ken jij je rol goed?' vroeg Matthijs even later aan Liselot.
'Gaat wel. Ik heb deze week door heel die toestand met *Echt waar* niet zo goed kunnen oefenen,' antwoordde ze.
'Ik denk dat dat ook in je voordeel kan werken. Iedereen, dus ook de jury, weet wat voor ellende je hebt doorgemaakt. En anders sleep ik je er wel doorheen,' zei Matthijs zacht.
Terwijl hij dat zei, keek hij Liselot recht in haar ogen. Ze kon alleen maar glimlachen en even werd het helemaal stil.
'Ik geloof dat we ons maar moeten gaan omkleden,' lachte Matthijs.
'Ja,' stamelde Liselot. Juist op het moment dat ze naar haar kleedkamer wilde lopen, pakte Matthijs haar zachtjes bij haar arm en gaf haar een briefje.
'Tot zo,' zei Matthijs.
Terwijl hij zich omdraaide om naar zijn kleedkamer te lopen, hield Liselot het keurig opgevouwen briefje stevig in haar hand. Snel vouwde ze het briefje open en las: X Matthijs. Zou dat betekenen dat Matthijs haar leuk vond, vroeg ze zich af terwijl ze naar het briefje bleef staren.
'Liselot, sta je hier nu nog?' riep Brenda die door de klapdeur de gang was binnengekomen. 'Hup, nú omkleden!'
Terwijl Liselot naar de kleedkamer liep, vroeg ze zich

af of Brenda iets in de gaten had. Daarna moest ze aan Sander denken. Ze voelde zich een beetje schuldig tegenover hem. Sander vond het zo jammer dat zij niet met zijn tweetjes de scène zouden spelen. Liselot vond dat ook wel jammer, maar tegelijkertijd was ze heel blij dat ze samen met Matthijs op mocht treden. En hij had haar nu ook dat briefje gegeven!

'Waar bleef je nou?' riep Monica toen Liselot de kleedkamer binnenliep. 'Je moet de wedstrijd wel serieus nemen, anders verlies je. Let vanavond maar goed op mij. Dan kun je zien hoe een natuurtalent als ik de rol als een ware filmster zal spelen,' vervolgde ze met een valse glimlach. 'Daar kun jíj nog veel van leren.'
Liselot keek haar vol ongeloof aan en wist niets te zeggen. Ook Karin en Amy waren even helemaal stil. Gelukkig was Amy niet op haar mond gevallen en zei: 'Vanavond gaat het ook om samenspel dus het is maar te hopen dat je Mohammed óók laat spelen.'
'Tuurlijk weet ik dat. Ik ben nu eenmaal als filmster geboren,' lachte Monica.
'Inderdaad. Ze heeft net zo veel sterallures als een echte filmster,' mompelde Karin terwijl Monica de kleedkamer uit liep. Zodra Monica de deur achter zich had dichtgetrokken, riep Liselot ontsteld uit: 'Wat een verschrikkelijk kind!'

15. Nauwelijks adem

Even later was de auditieshow in volle gang. Alle kandidaten hadden de eerste scène goed voorbereid. Ze speelden hun scènes stuk voor stuk erg goed, waardoor het volstrekt onduidelijk was wie er vanavond zou afvallen. Het samenspel als koppel moest de doorslag geven bij de scène in de bioscoop.
Joost en Karin kwamen na de pauze als eerste koppel overtuigend over. Met name Joost kon heel verliefd kijken, vonden de juryleden, die direct na elk optreden commentaar gaven.
Bij het spel van Mohammed en Monica vlogen de vonken ervan af. Ze kregen een staande ovatie van het publiek en de vakjury verklapte dat beide spelers tot hun favorieten behoorden. Maar of ze ook de uiteindelijke soapwinnaars zouden worden, dat wist natuurlijk niemand. Er kon nog van alles gebeuren.
Voor Sander en Amy was het een flinke kluif om het succes van Mohammed en Monica te evenaren. Sander kwam erg nerveus over. Hij moest lang over zijn tekst nadenken en vergat Amy verliefd aan te kijken. Amy ging daardoor ook fouten maken. Er volgde een mager, beleefd applaus. De jury gaf aan dat het samenspel van Sander en Amy hen was tegengevallen en dat het vanavond misschien wel hun laatste optreden was. Zichtbaar teleurgesteld dropen Sander en Amy af.
Tot slot waren Matthijs en Liselot aan de beurt. Ze

speelden hun scène erg goed. Ze raakten geen enkel moment de tekst kwijt. En de verliefde blikken kwamen tijdens hun spel als vanzelf. Na afloop namen ze hand in hand het applaus in ontvangst.
Jurylid Eddy riep uit: 'Jullie optreden heeft me echt geraakt. Dit is absoluut levensecht verliefd zijn.'
Matthijs was zo blij met dit commentaar dat hij Liselot spontaan een kus op haar wang gaf.

Op de terugweg naar huis heerste een grafstemming. Sander was hevig teleurgesteld, omdat hij deze avond was afgevallen. Hij staarde door het raam van de taxi naar buiten.
Liselot durfde eigenlijk niet blij te zijn. Maar diep vanbinnen schreeuwde ze het uit van geluk. Ze was door naar de halve finale! En Matthijs had haar zomaar een kus gegeven!
'Ben je op hem?' Plotseling draaide Sander zijn hoofd naar Liselot en keek haar recht in haar ogen. 'Ben je op Matthijs?'
'Ja, ik geloof van wel,' zei Liselot eerlijk.
'Dus dan ben ik je beste vriend niet meer?' vroeg Sander.
'Sander! Jij bent en blijft altijd mijn beste vriend,' riep Liselot uit.
Het gezicht van Sander klaarde meteen op. 'Ik dacht ... toen Matthijs je ... nou je weet wel,' stamelde Sander.
'Toen hij me een kus gaf?' zei Liselot.

'Ja,' zei Sander, 'dat je mij dan niet meer nodig had.' Liselot gaf hem een stomp in zijn zij. 'Ik zweer het: wij blijven altijd hartsvrienden,' zei Liselot beslist.

De week ging snel voorbij. De volgende show was al de halve finale! Samen met Sander keek Liselot elke avond naar *Wat nu weer?!*. Met Eddy ging het steeds slechter. Hij overlaadde Rosalinde met cadeautjes, maar had steeds minder geld. Hij zag nog maar één mogelijkheid om aan geld te komen: gokken in het **casino**.

> In het casino wisselt Eddy al zijn geld voor **fiches** in. Met een stapel fiches loopt hij naar de **roulettetafel**. Eddy speelt scherp en wint veel. Zo groeit zijn stapel fiches in de loop van de avond. Dan besluit hij om in één keer een grote gok te wagen. Hij zet al zijn fiches in! Op nummer zeven. Zijn geluksgetal …

'Nu moeten we weer het hele weekend wachten,' zei Sander teleurgesteld toen de aflevering afgelopen was. 'Ja, maar zo blijf je wel kijken,' gniffelde Liselot.

Natuurlijk ging Sander met Liselot mee naar de halvefinaleshow. Brenda had een kaartje voor hem geregeld op de eerste rij.
Bij de studio wachtte een enorme groep fans Liselot op. Terwijl Liselot uit de taxi stapte, kwamen ze op haar

afgestormd. Ze joelden en gilden en duwden om een glimp van Liselot op te vangen. Liselot werd door de schreeuwende meute bijna platgedrukt en kon nauwelijks ademhalen.
'Nee!' riep ze uit waarna het plotseling helemaal zwart voor haar ogen werd ...

'Jij bent populair,' was het eerste wat Liselot hoorde toen ze haar ogen weer opende. Het was Matthijs, die samen met Sander, mama, papa en Brenda, bezorgd over haar heen gebogen stond in de kleedkamer. Liselot barstte in tranen uit.
'Hé meid,' zei Brenda. 'Het zal niet meer gebeuren. Dat ga ik voor je regelen. Want je weet, Brenda regelt alles.'
Even later wist Matthijs Liselot weer aan het lachen te krijgen.
'Misschien helpt dit,' zei hij terwijl hij haar een heel klein doosje gaf. Liselot keek hem aan en opende met trillende vingers het doosje. Er zat een ketting in. Aan de ketting hing een klavertje vier.
'Dat brengt geluk,' zei Matthijs.
'Wat lief,' stamelde Liselot.

16. De finale

En het klavertje vier bracht veel geluk, want een uur later hoorde Liselot dat de jury **unaniem** van mening was dat zij samen met Matthijs, Mohammed en Monica door was naar de finale!

De volgende dag voelde Liselot zich moe en ze was blij dat het zondag was.
'Lieve Lotje, vind je het nog wel leuk?' vroeg papa bij het ontbijt aan Liselot.
Liselot moest even nadenken en zei: 'Soms wel en soms niet.'
Papa bleef Liselot vragend aankijken.
'Nou gewoon,' zei Liselot. 'Al die duizenden mensen, die ik niet ken ...'
Mama gaf haar een flinke knuffel. Toen rinkelde de telefoon. Het was Brenda, die wilde weten of Liselot een beetje bekomen was van de schrik. Liselot zag mama eerst ernstig praten met Brenda. Maar daarna ging mama steeds vrolijker kijken.
Toen ze de telefoon had neergelegd, zei ze: 'Je hoeft niet meer naar de studio te komen voor de finaleshow op zaterdag. De redactie van *Wat nu Weer!?* heeft een ander plan bedacht. Ze zien wel dat al die toestanden rondom de shows jullie te veel worden. Daarom worden op woensdagmiddag in het geheim opnames voor een echte *Wat nu weer?!*-aflevering gemaakt. Die aflevering

wordt dan op zaterdagavond uitgezonden. Alle kijkers kunnen na afloop via een sms'je laten weten wie zij het beste vinden.'

Op woensdagmiddag reden Liselot en Sander samen met papa en mama naar het verlaten strand waar de opnames zouden plaatsvinden. Daar stond de cameraploeg al klaar.

Eddy heeft al zijn geld verloren. Al zijn mooie, dure spullen heeft hij verkocht. Na een lange wandeling langs het strand heeft hij een plan bedacht. Hij wil een nieuwe start maken, mét Rosalinde. Op het strand zal hij haar ontmoeten.

Als Rosalinde Eddy ziet staan op het strand, rent ze naar hem toe. Ze omarmen elkaar stevig.
'Liefste, wil je voor altijd bij me blijven?' vraagt Eddy teder.
'Natuurlijk, Eddy!' antwoordt Rosalinde met tranen in haar ogen. 'Maar je moet me één ding beloven: geef me geen cadeaus meer.'
Dolgelukkig lopen ze samen langs het strand. Maar ze hebben niet in de gaten, dat iemand hen met een verrekijker in de gaten houdt. Het is Tanja...

Toen volgde de laatste scène voor de kandidaten. Ook nu speelde Liselot weer de scène met Matthijs en speelde Mohammed met Monica.

> Thomas en Tamara hollen samen over het strand.
> 'Wie het eerste bij het strandpaviljoen is, krijgt een chocolade-ijsje!' schreeuwt Thomas.
> 'Ik win,' roept Tamara uit terwijl ze richting het strandpaviljoen sprint.
> Pas als ze bij het strandpaviljoen is aangekomen, kijkt Tamara achterom. Thomas is nergens te zien! De camera zoomt in op het geschrokken gezicht van Tamara.

'Oké, dat staat erop, mensen,' riep de regisseur.
'Ja, kandidaten,' zei Brenda. 'Dat was het. Nu is het afwachten wat de kijkers gaan beslissen komende zaterdag.

Na afloop van de opnames liep Sander op Liselot en Matthijs af, die gezellig met elkaar aan het kletsen waren.
'Jullie hebben zo te zien veel lol ... Dus het ging goed?' vroeg Sander voorzichtig.
'Nou ... Ik viel twee keer tijdens het rennen,' lachte Matthijs. 'Maar verder hebben we het best goed gedaan.'

'Ja, best goed,' stamelde Sander die alles van een afstand had gezien. 'Nou ... eh ... ik ga dan maar even iets te drinken halen.'
Schouder aan schouder keken Liselot en Matthijs naar de mooie zonsondergang. Daarna was het tijd om naar huis te gaan.

Op zaterdagavond was het druk bij Liselot thuis. Het hele huis zat vol met familie en vrienden. Natuurlijk waren Sander en Matthijs er ook, die met zijn ouders zou blijven logeren. Het was een drukte van jewelste.
'Stil allemaal. Het gaat beginnen!' riep de vader van Liselot.
'Dames en heren, we hebben ervoor gekozen om deze avond de kandidaten niet live op het podium te laten spelen zoals bij de vorige shows,' legde Tanja uit aan het publiek.
Eerst werd de aflevering met Matthijs en Liselot uitgezonden. Hun spel was nog best goed, dankzij een knappe montage. De valpartij van Matthijs was er natuurlijk uitgeknipt.
Toen kwam de aflevering met Mohammed en Monica. Het werd steeds stiller in de huiskamer. Mohammed en Monica staken overduidelijk met kop en schouders boven het spel van Liselot en Matthijs uit. Liselot voelde zich ineens een beetje verdrietig worden.

'Lieve kijkers. U hebt gestemd. De lijnen zijn gesloten,'

riep Tanja, die gekleed was in een prachtige avondjurk. 'Eddy, dan is het nu tijd voor de uitslag. Wil jij bekendmaken wie deze auditieshow voor *Wat nu weer?!* hebben gewonnen?'
'De winnaars zijn ...' riep Eddy in de camera. 'Dames en heren, ik zal u niet langer in spanning houden. De winnaars zijn: Mohammed en Monica!'
Matthijs en Liselot keken elkaar aan, terwijl in de huiskamer iedereen boos door elkaar heen begon te praten. Liselot kon haar tranen niet meer bedwingen. Maar toen gaf Matthijs Liselot een high five en riep: 'Wij zijn óók echte winnaars!'
Liselot begon te lachen door haar tranen heen en zei: 'Ja, want we hebben tóch maar mooi in *Wat nu weer?!* gespeeld!'

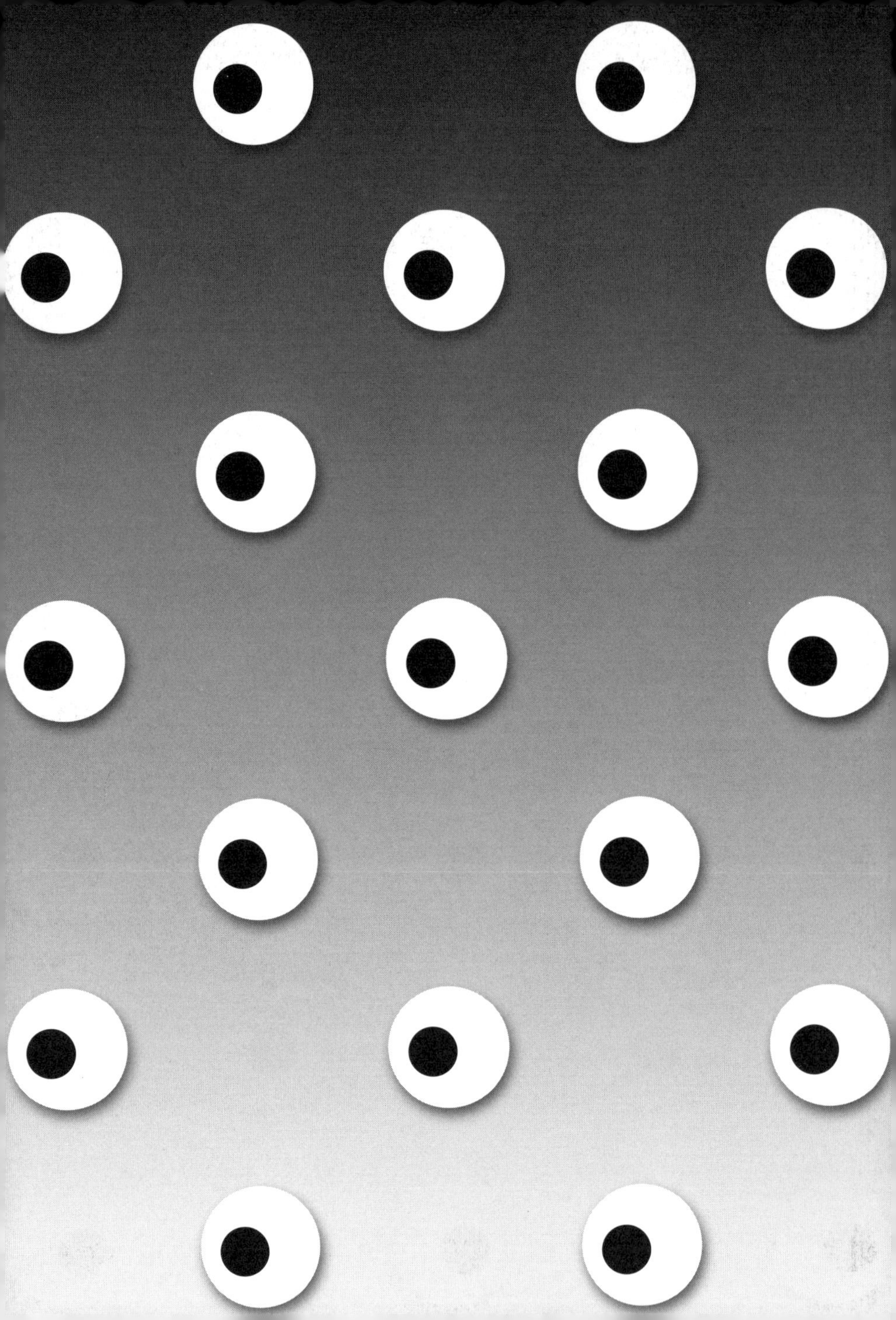